BELONGS TO

APPLE

A is for Apple

BALL

Bb

B b

B is for Ball

B B B B B B B

B B B B B B B

B B B B B B B

B B B B B B B

B B B B B B B

B B B B B B B

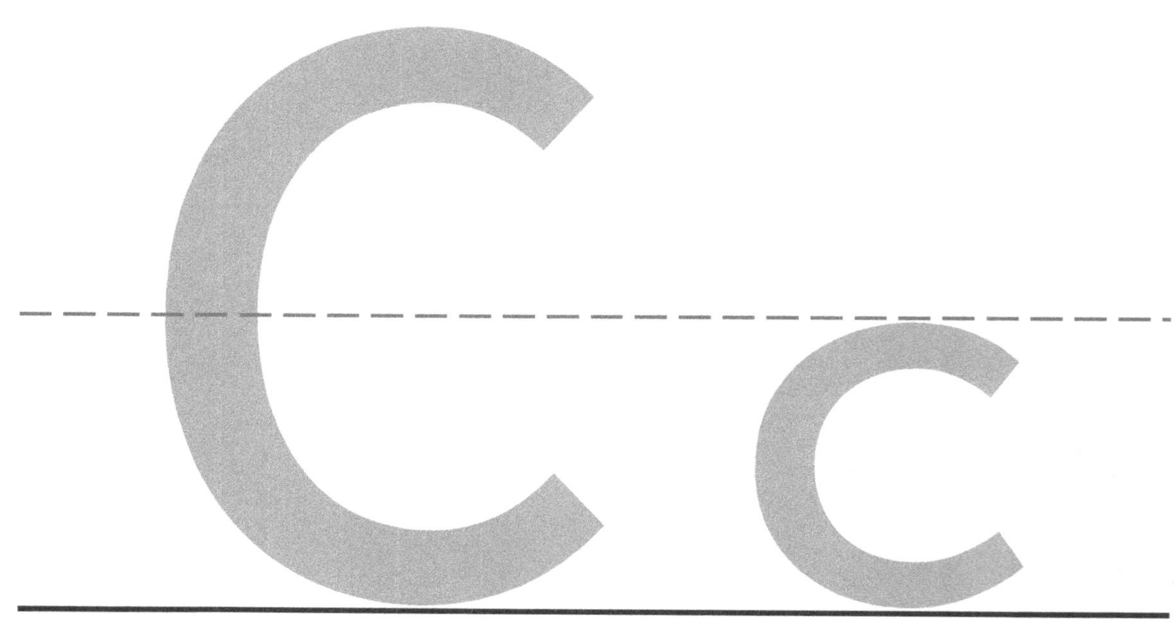

C is for Cat

Dd

D is for Dog

Elephant
Ee

E

e

E is for Elephant

Fox

Ff

F is for Fox

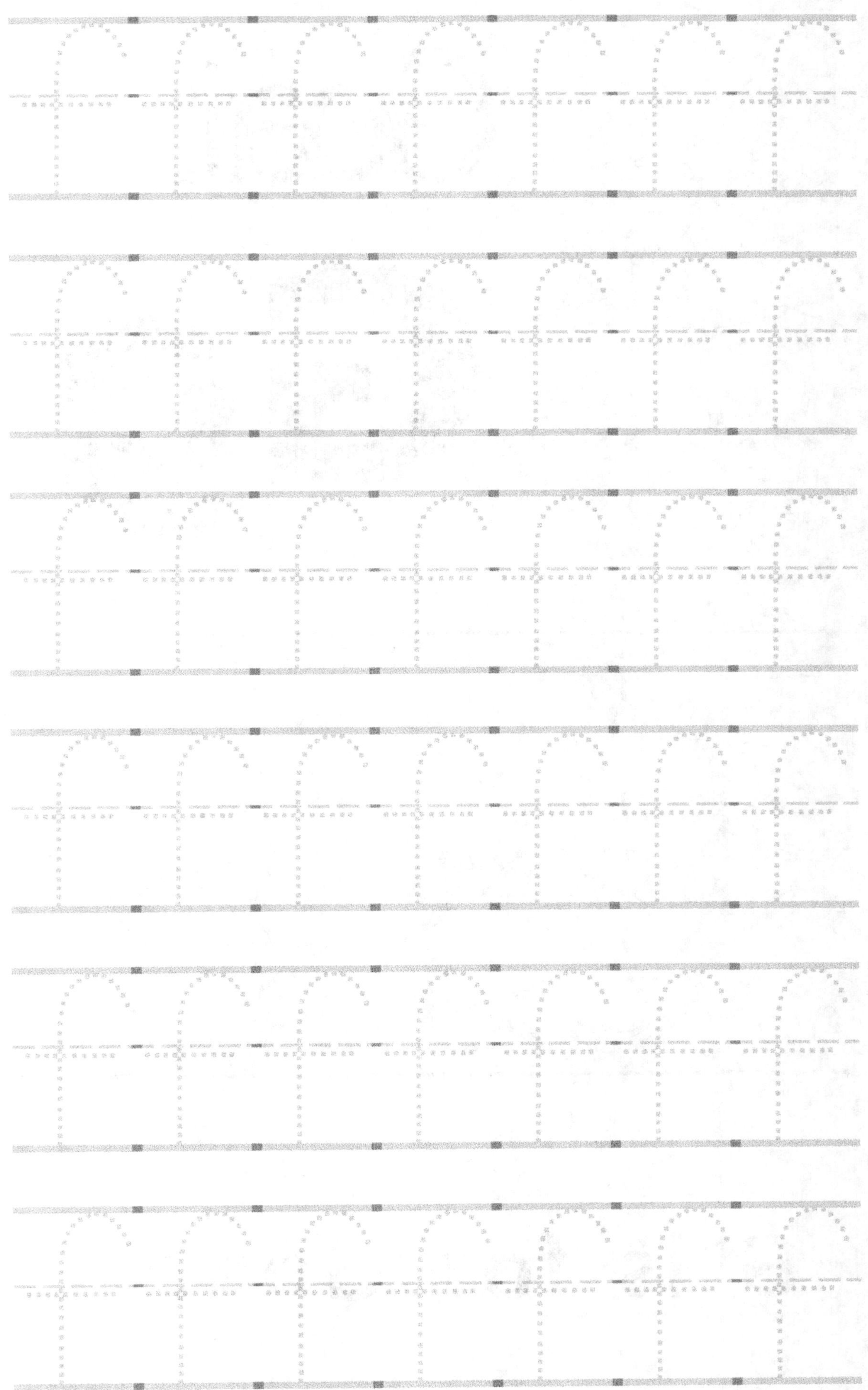

Goat

Gg

G is for Goat

H is for Horse

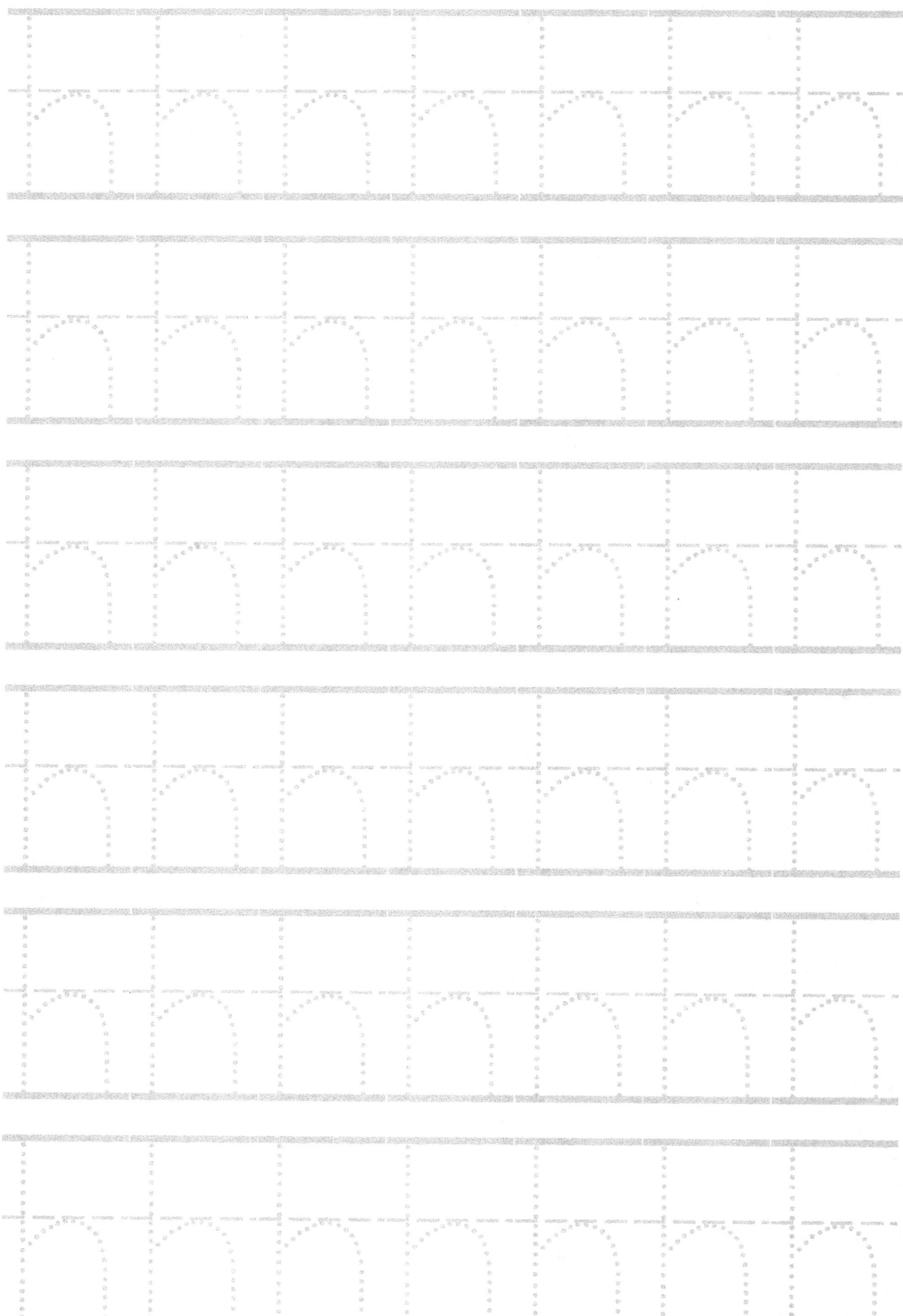

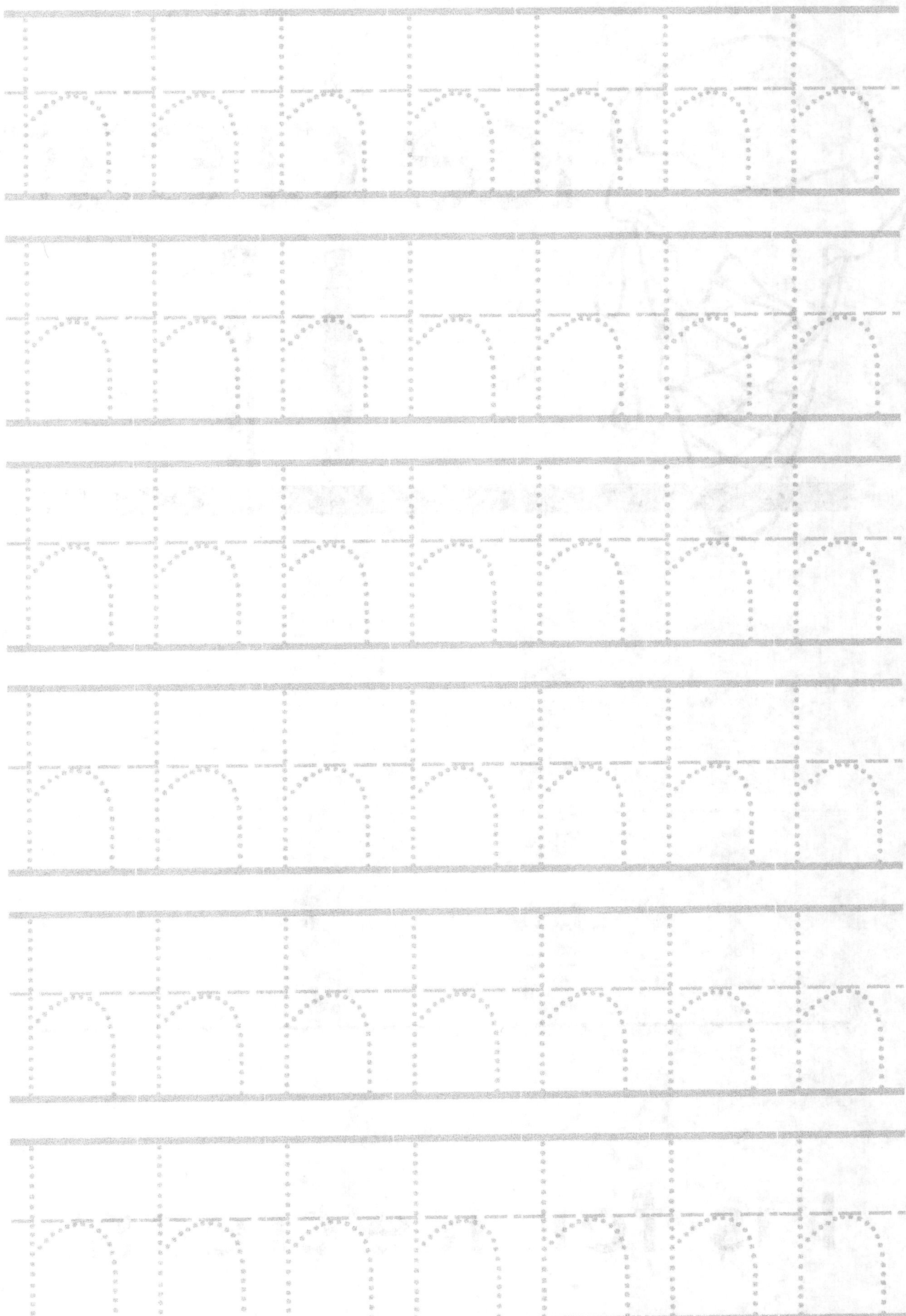

I is for Ice cream

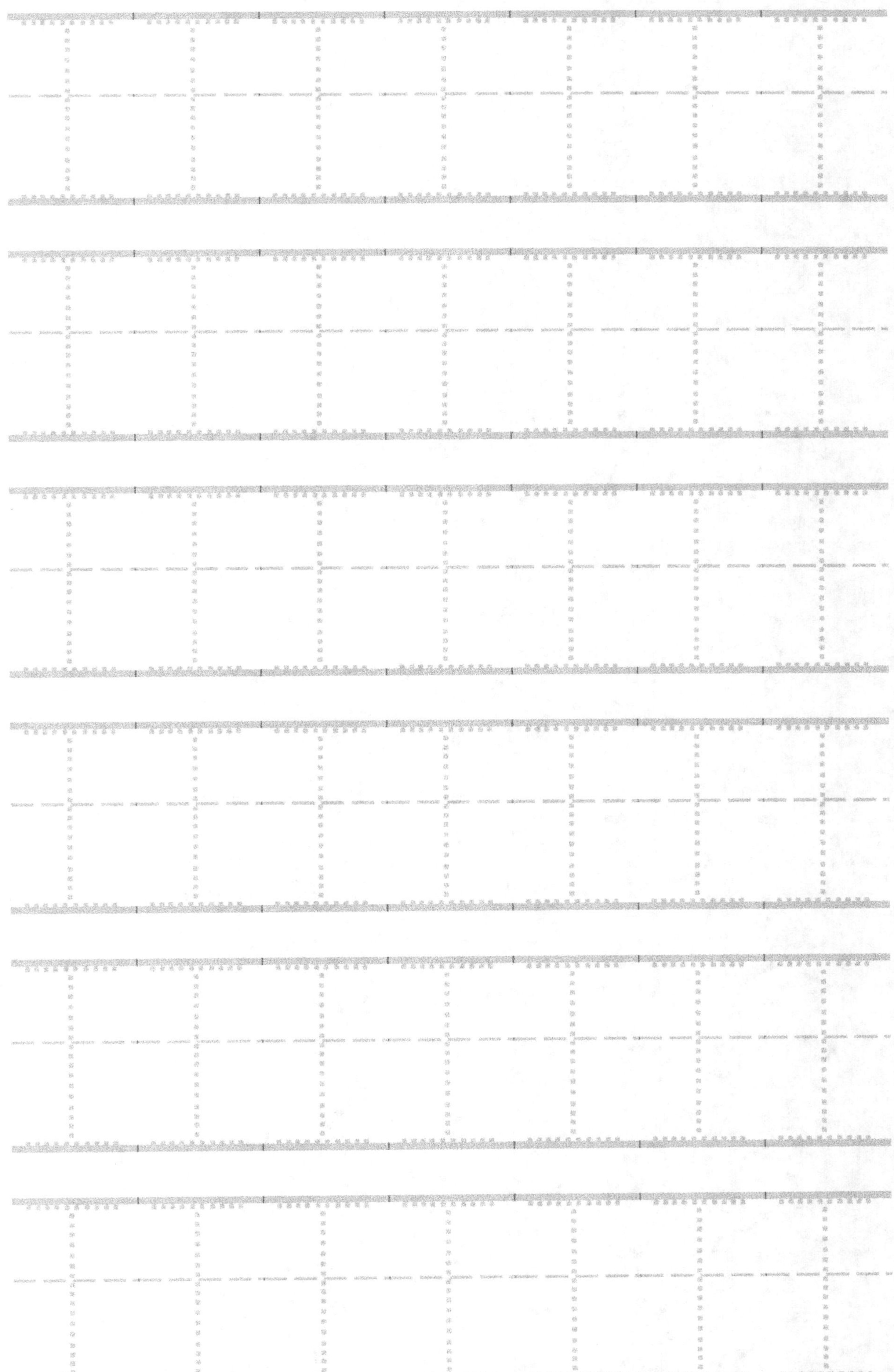

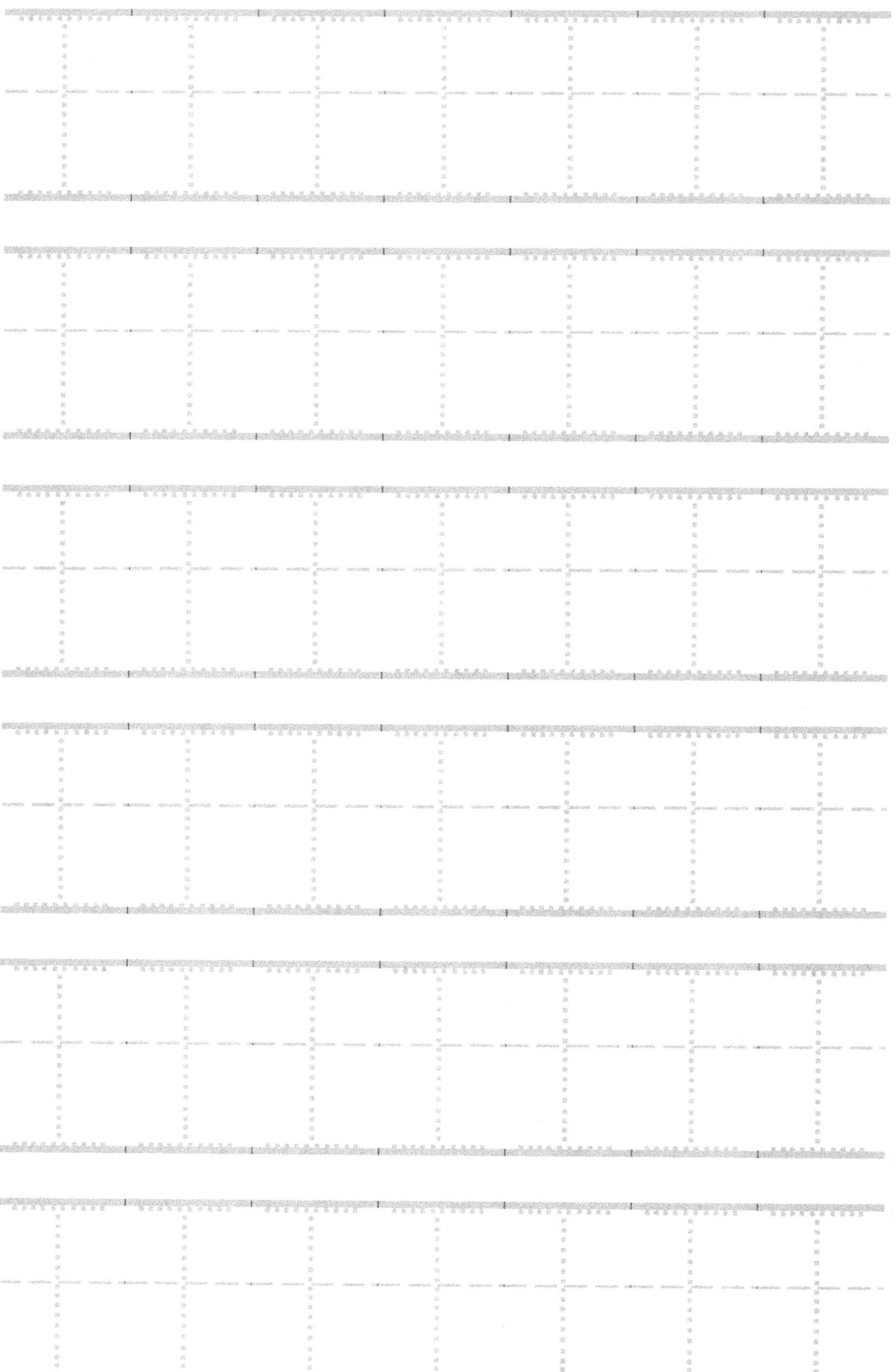

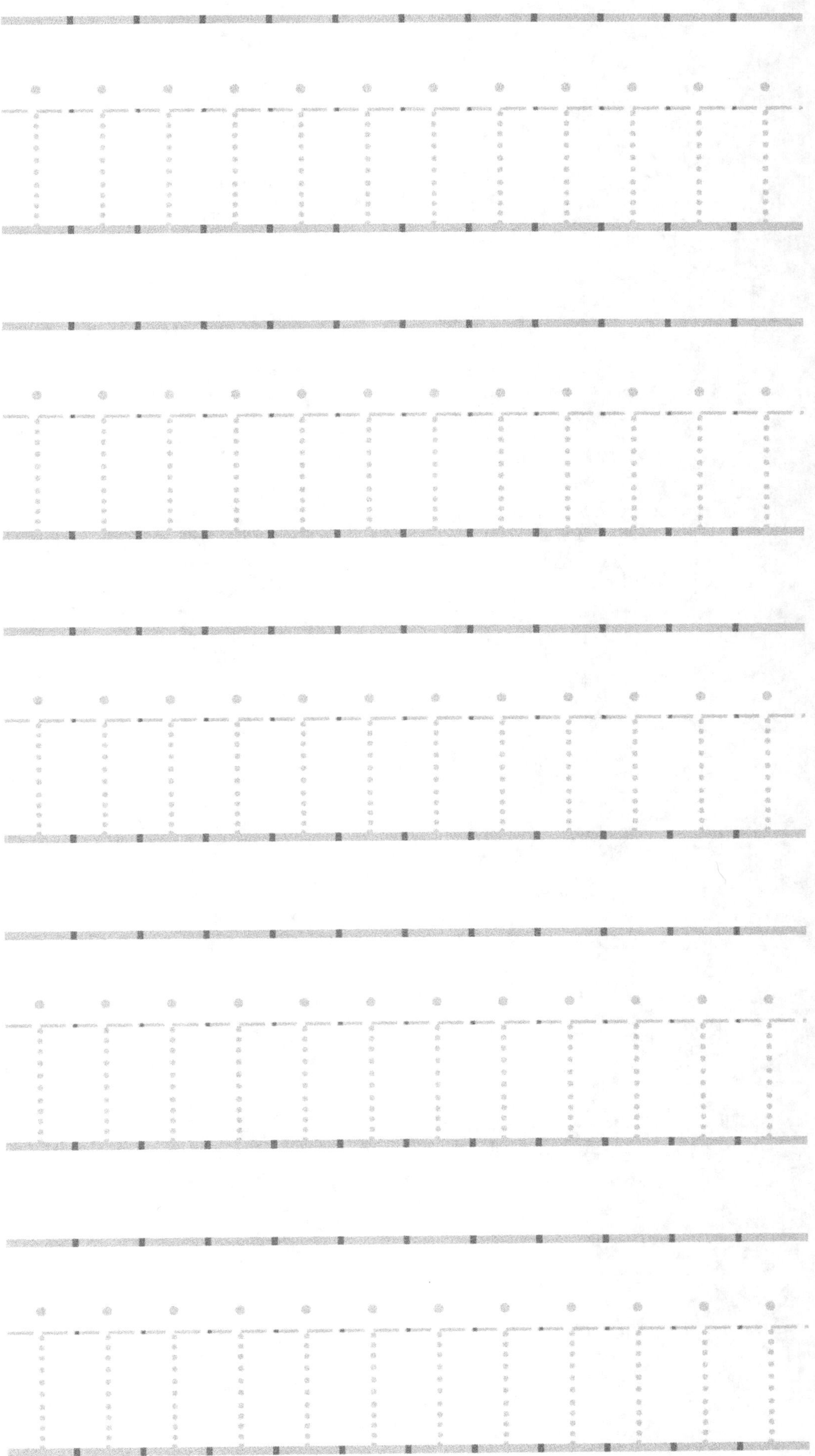

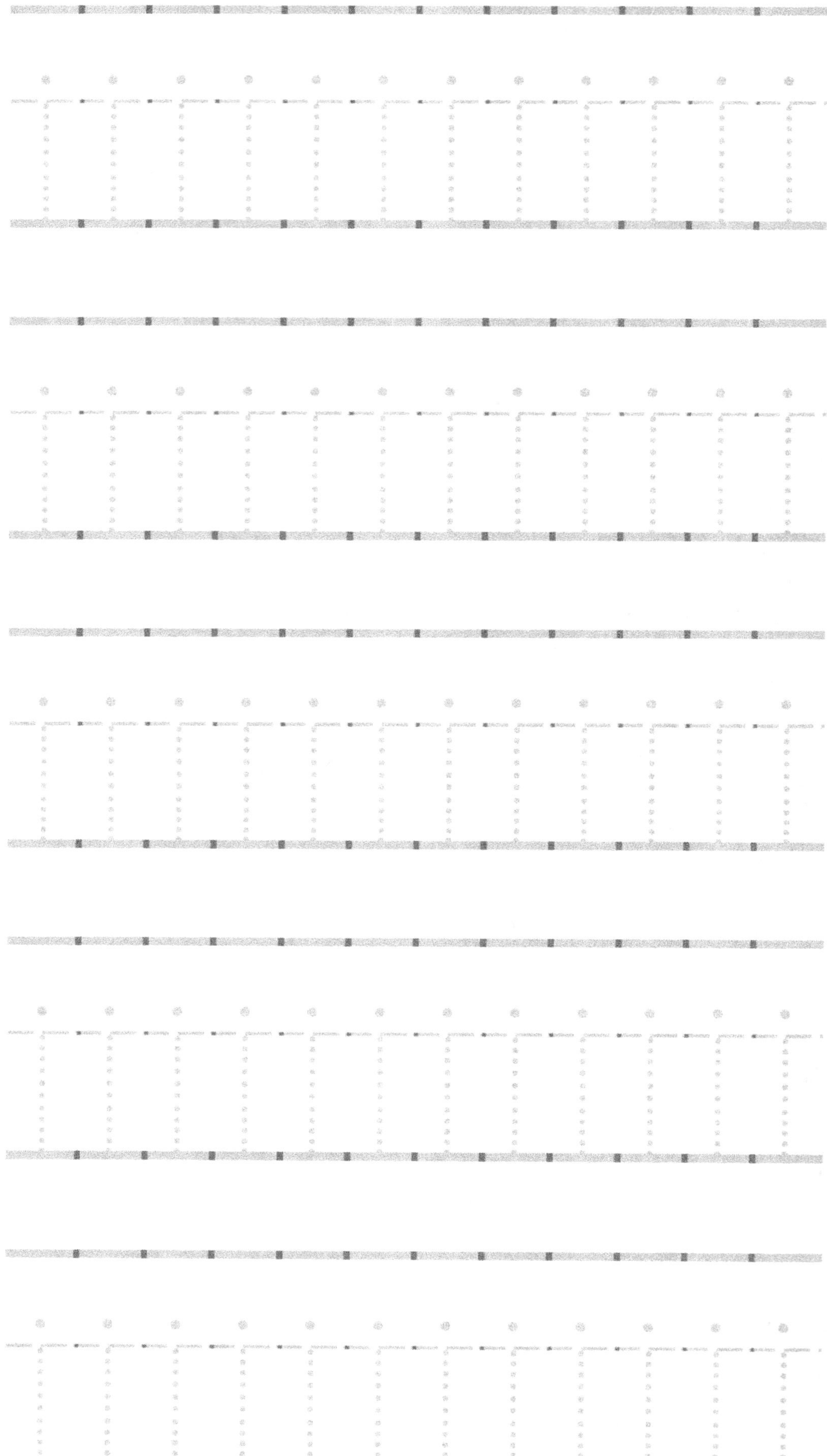

Jaguar

Jj

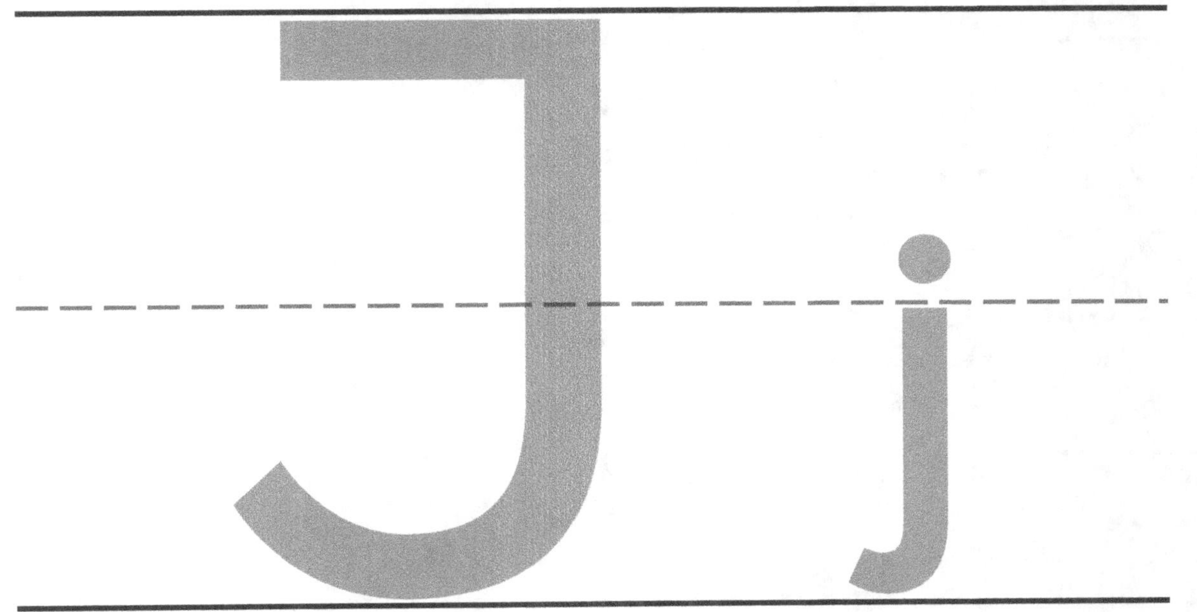

J is for J aguar

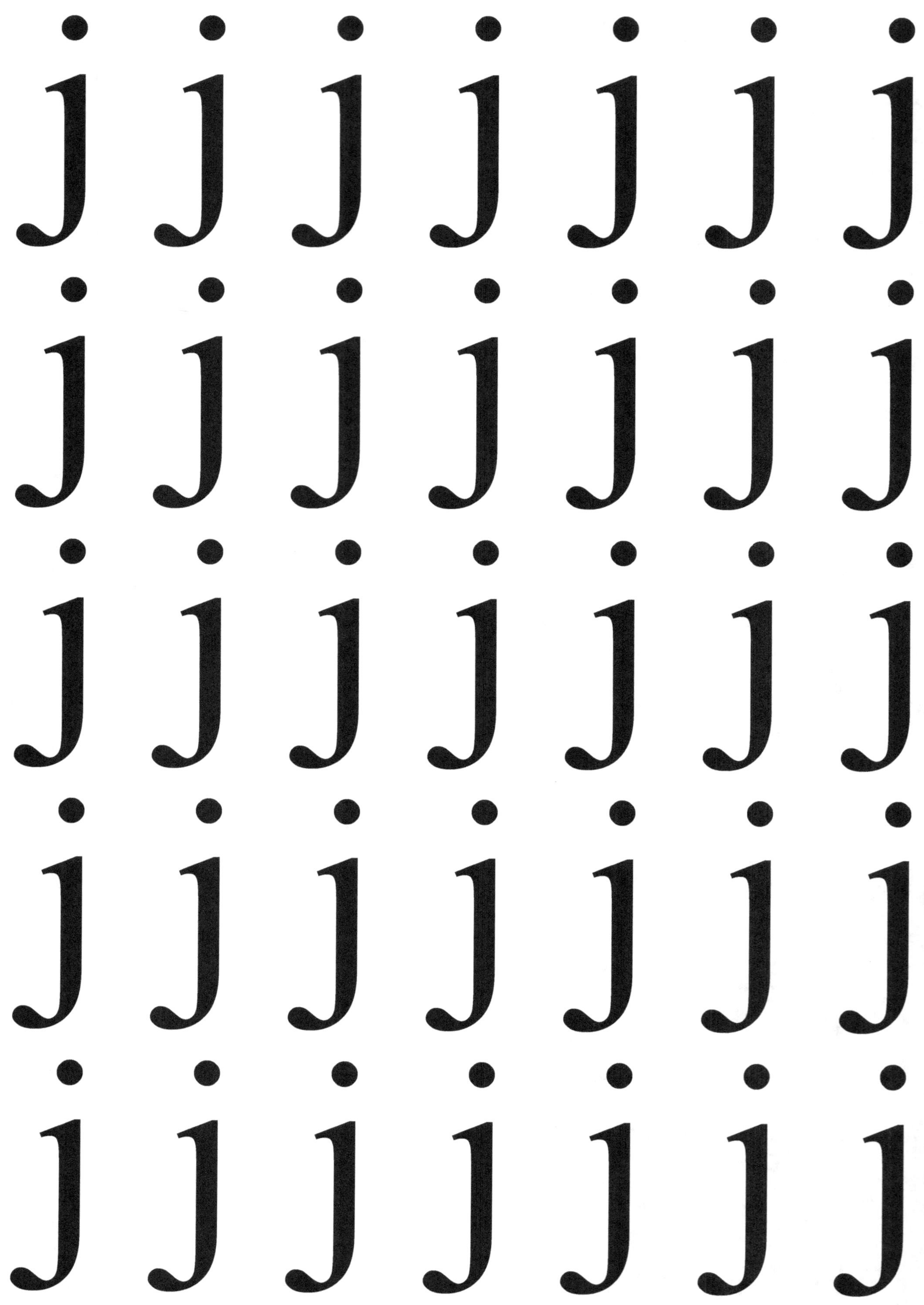

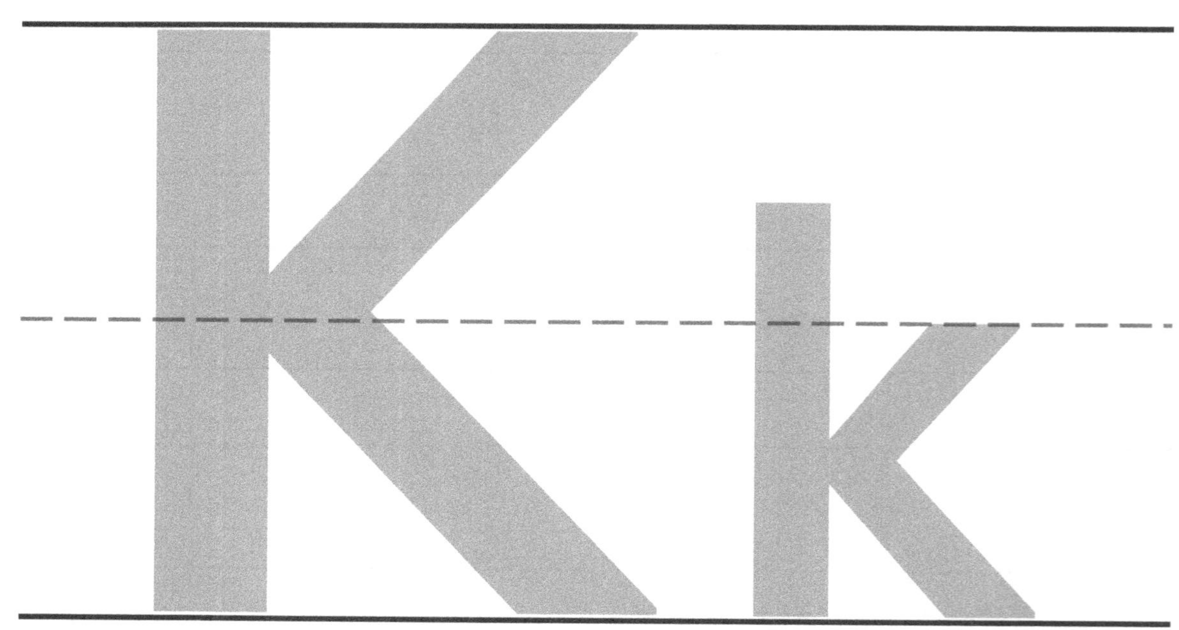

K is for Koala

Lion

Ll

L is for Lion

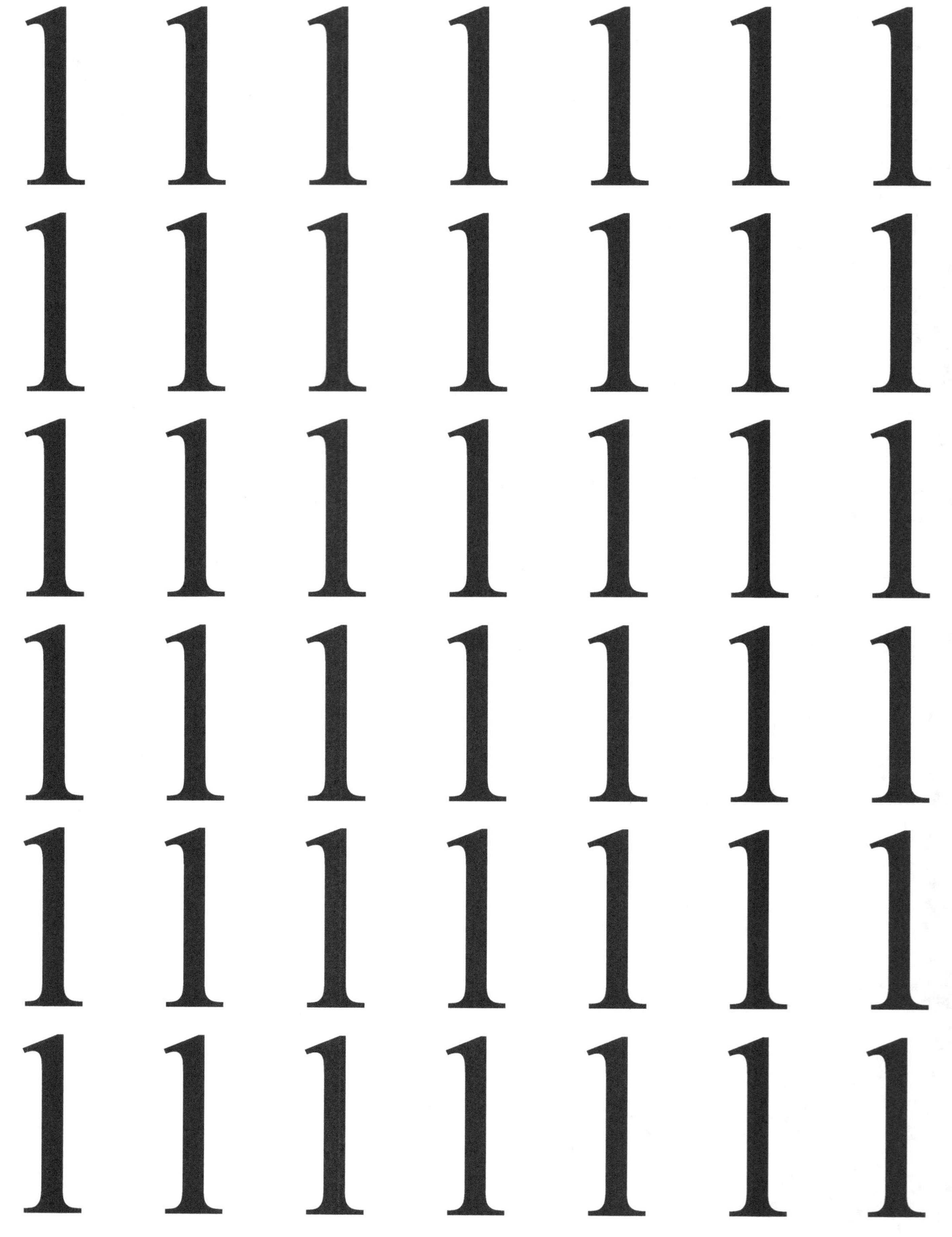

M is for Monkey

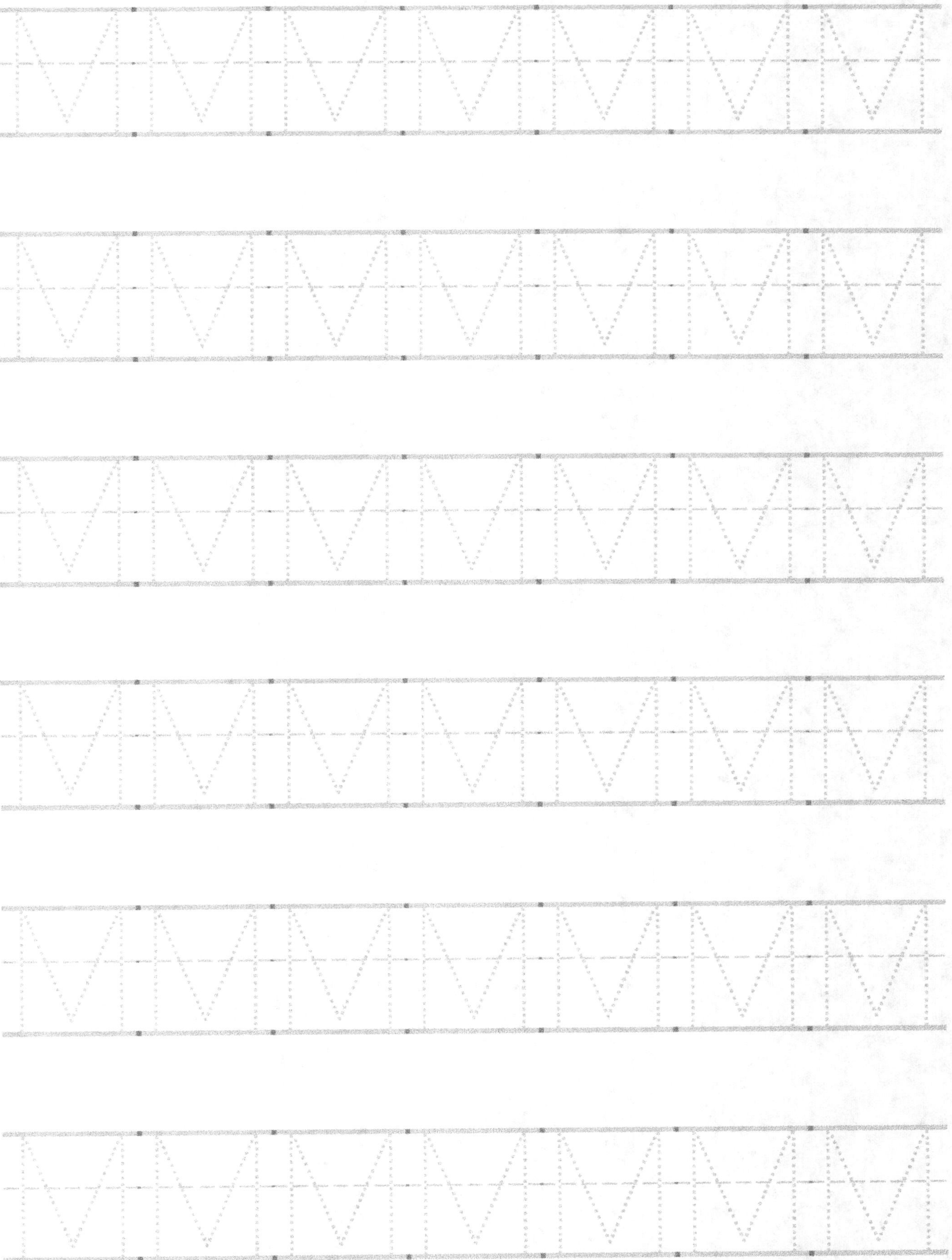

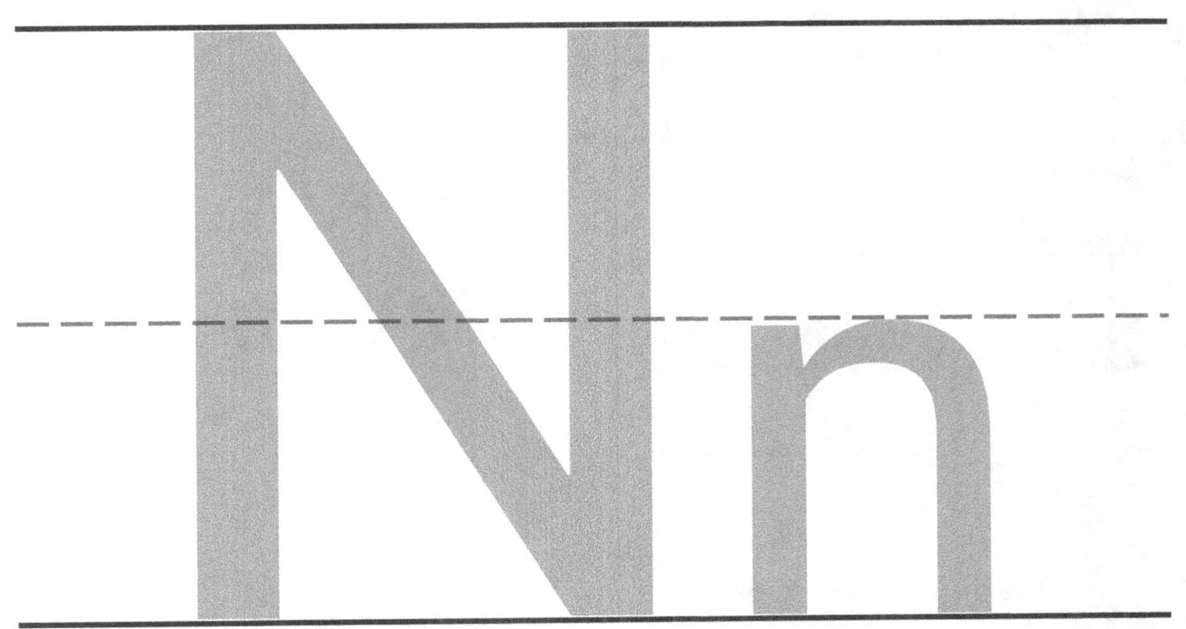

N is for Nest

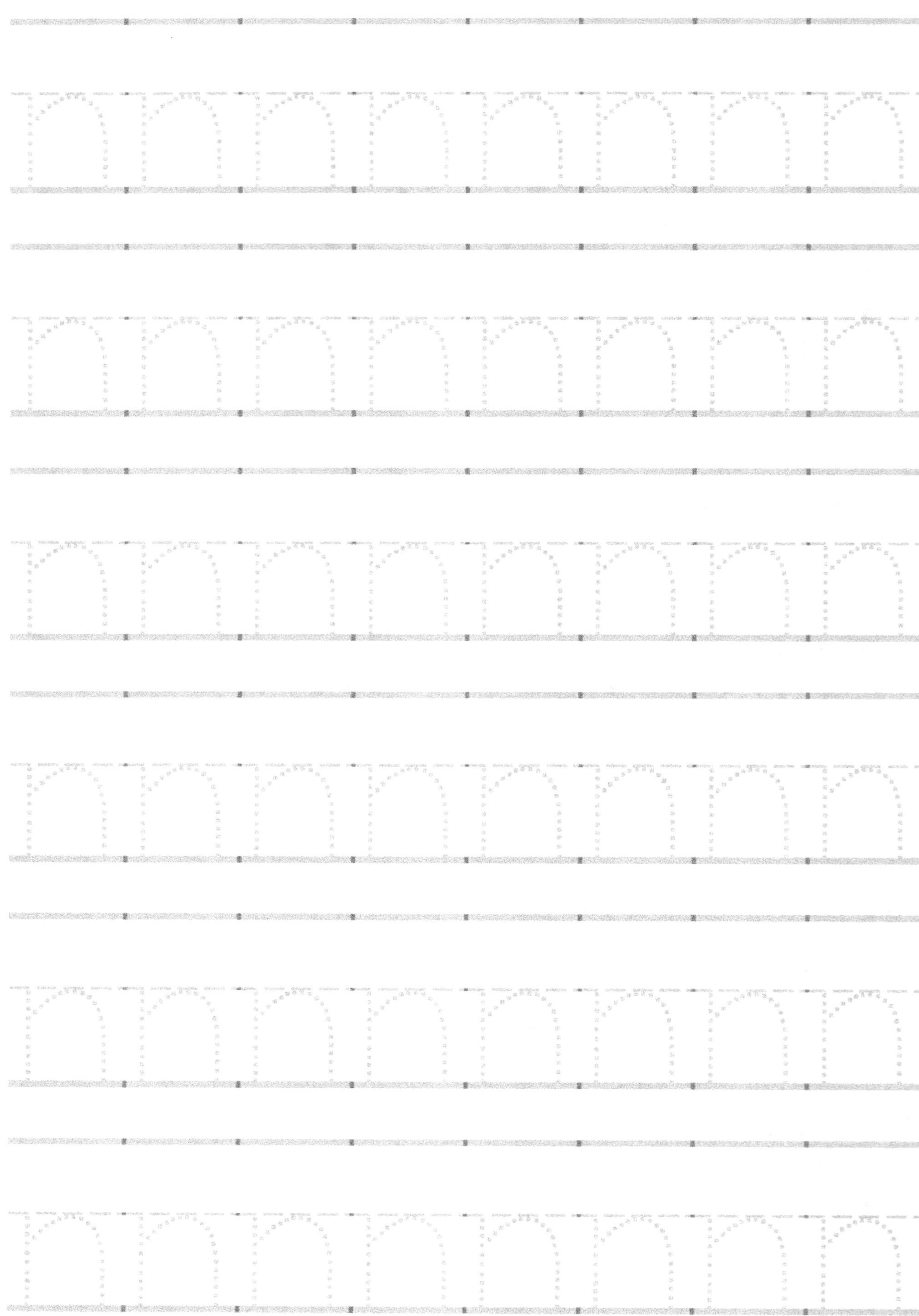

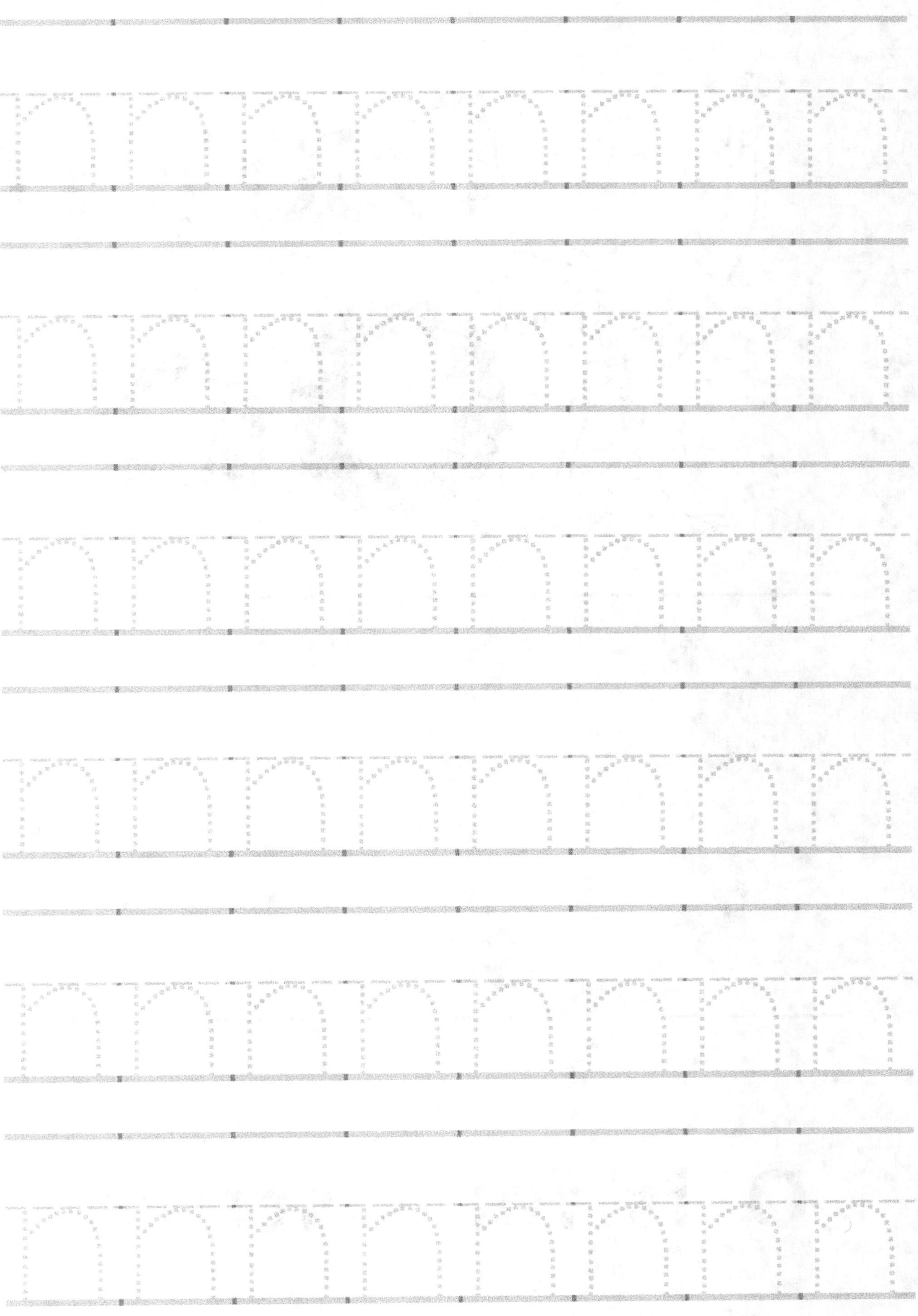

Ostrich

Oo

O

O o

O is for Ostrich

P is for Panda

Quail

Qq

Q is for Quail

R is for Rabbit

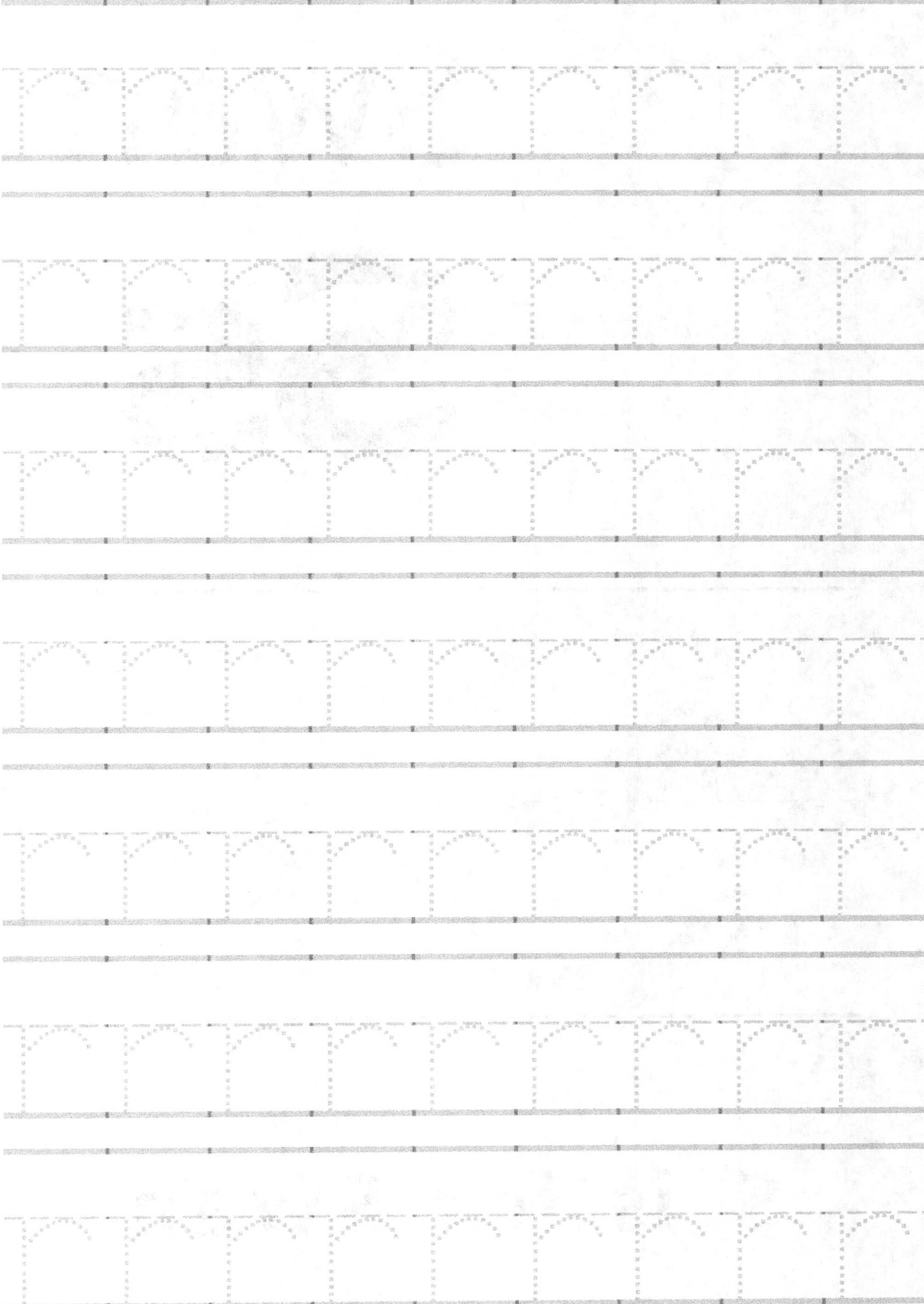

Swan

Ss

S is for Swan

Tiger

Tt

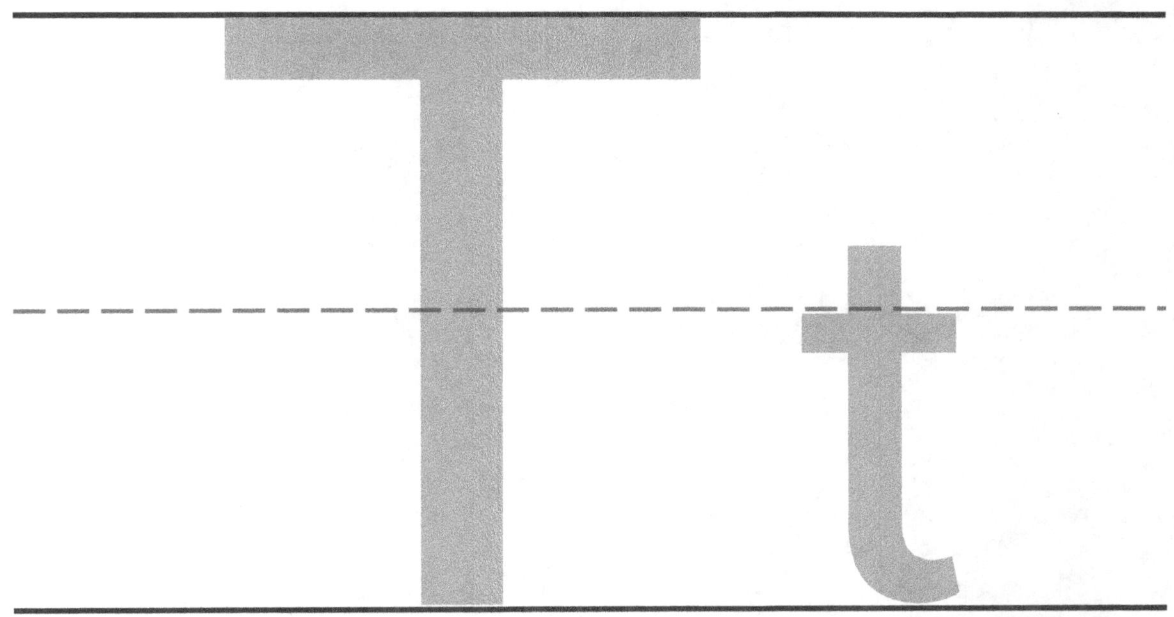

T is for Tiger

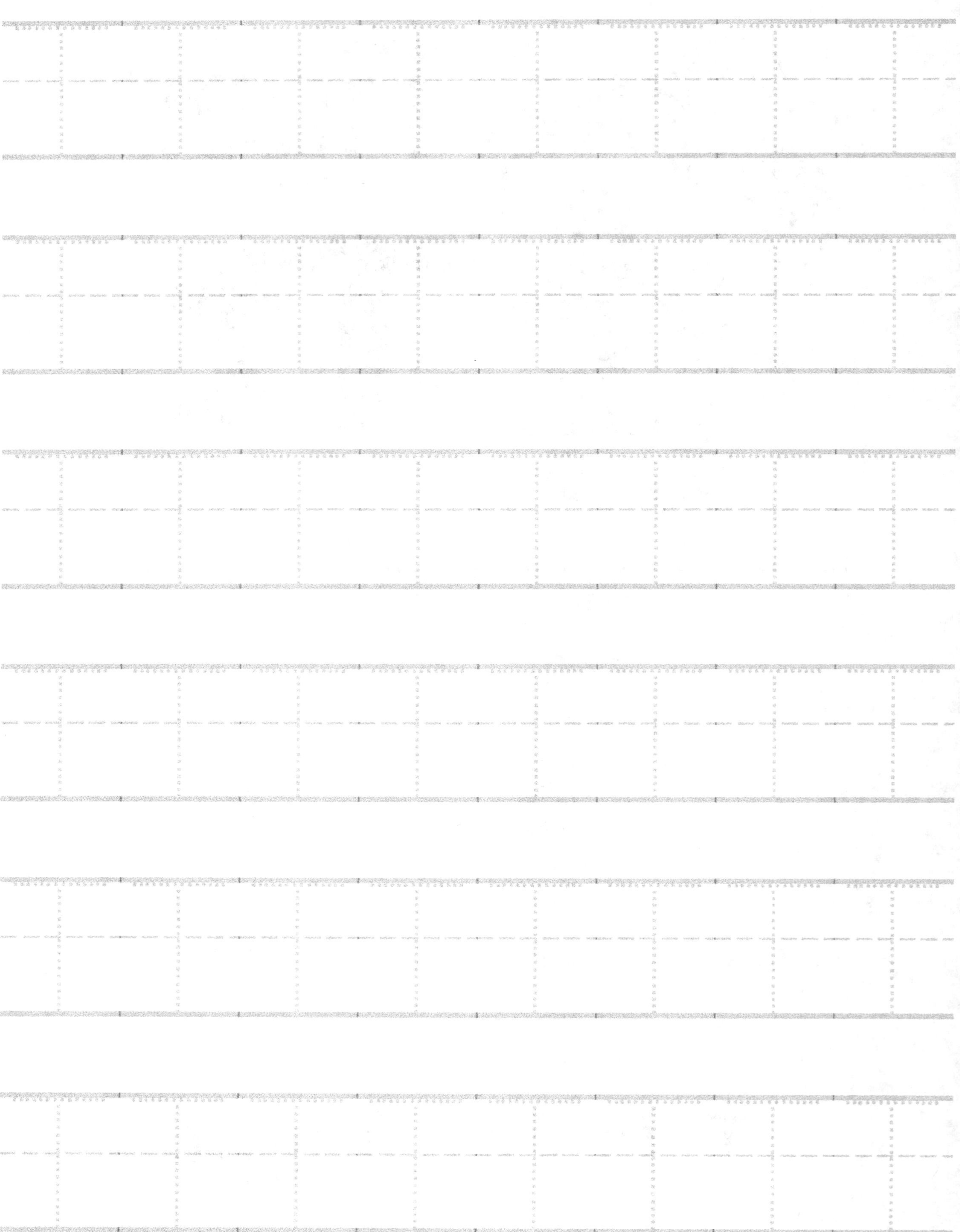

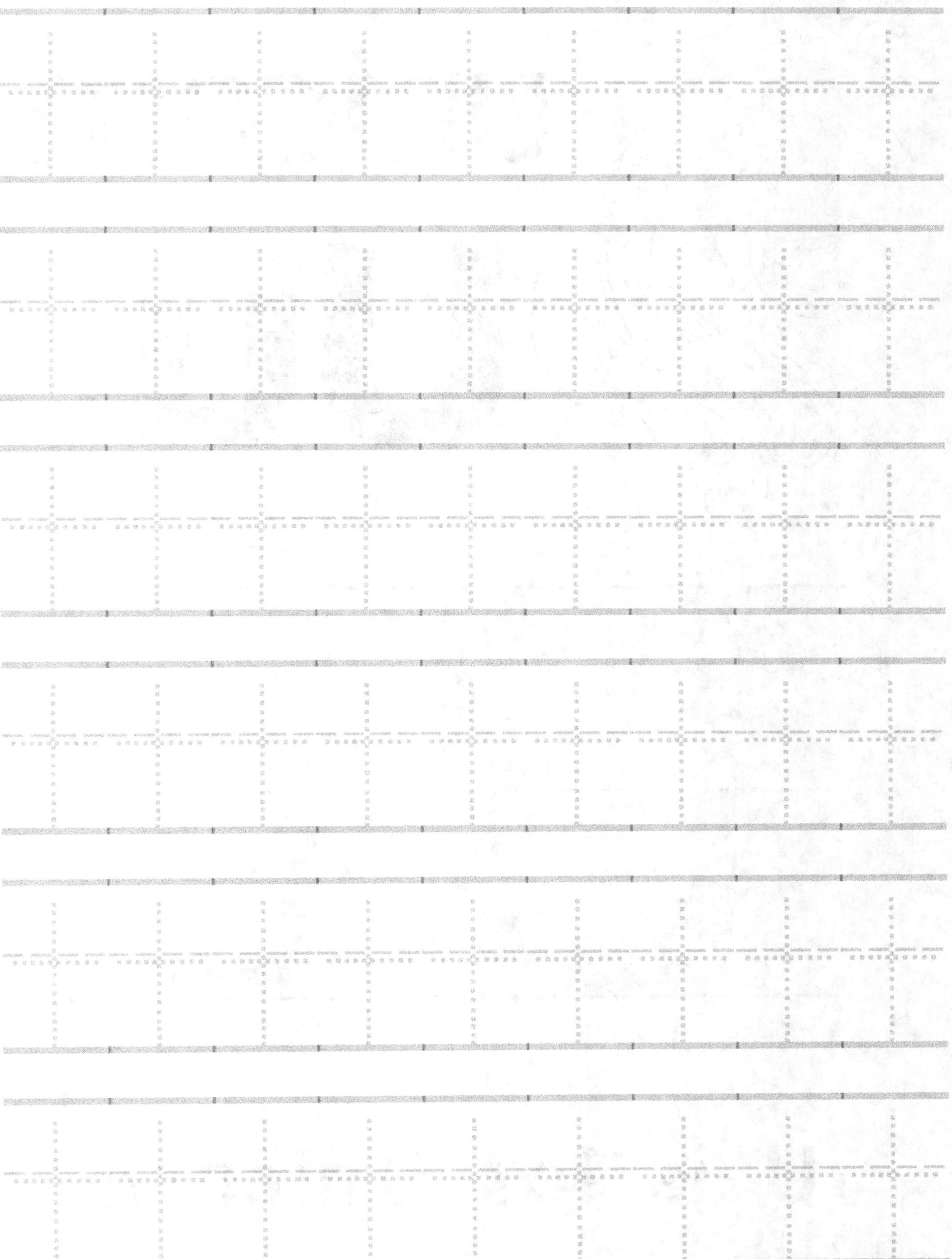

unicorn

Uu

U is for Unicorn

U U U U U U U

U U U U U U U

U U U U U U U

U U U U U U U

U U U U U U U

U U U U U U U

U U U U U U U

Violin

Vv

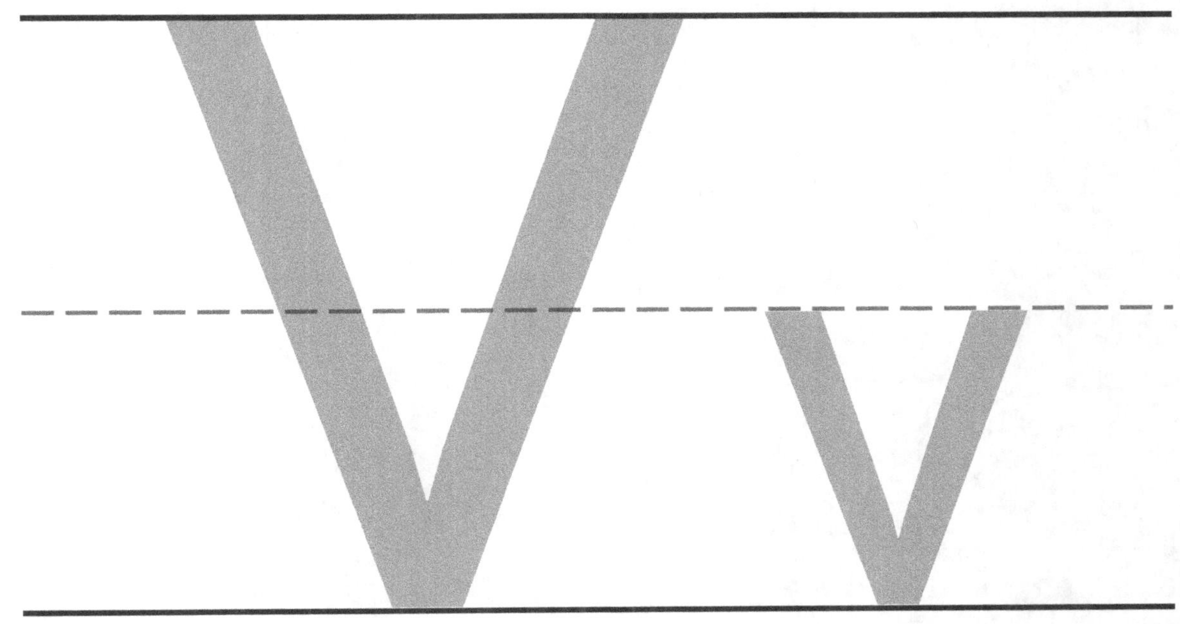

V is for Violin

Walrus

W is for Walrus

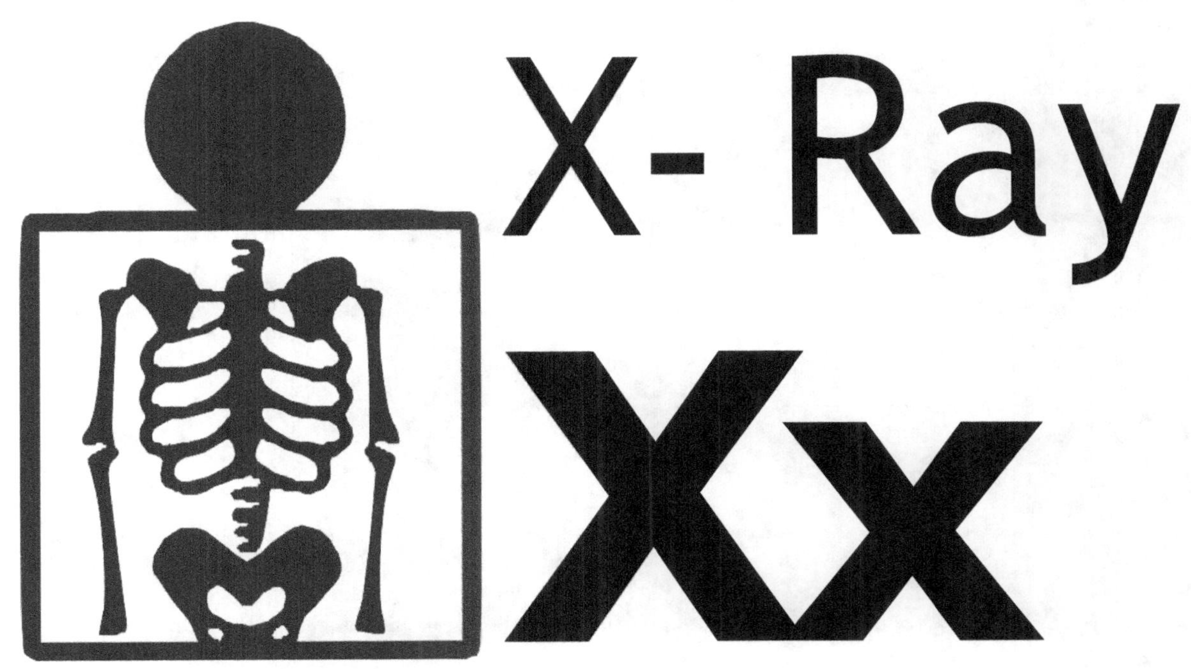

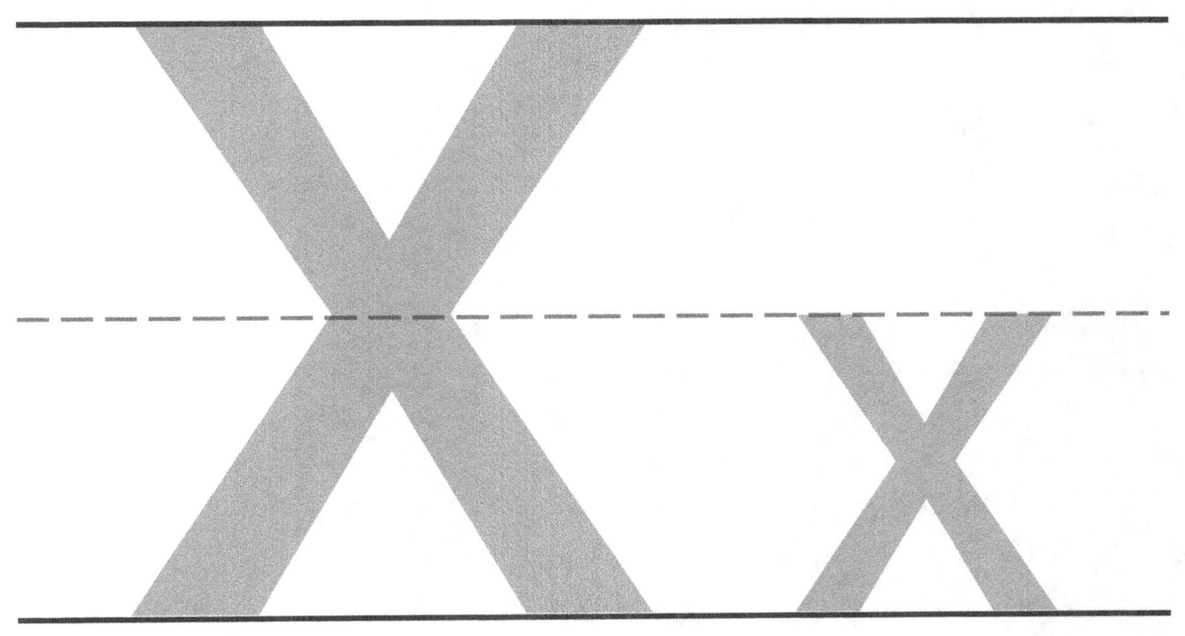

X is for X-Ray

Yak

Yy

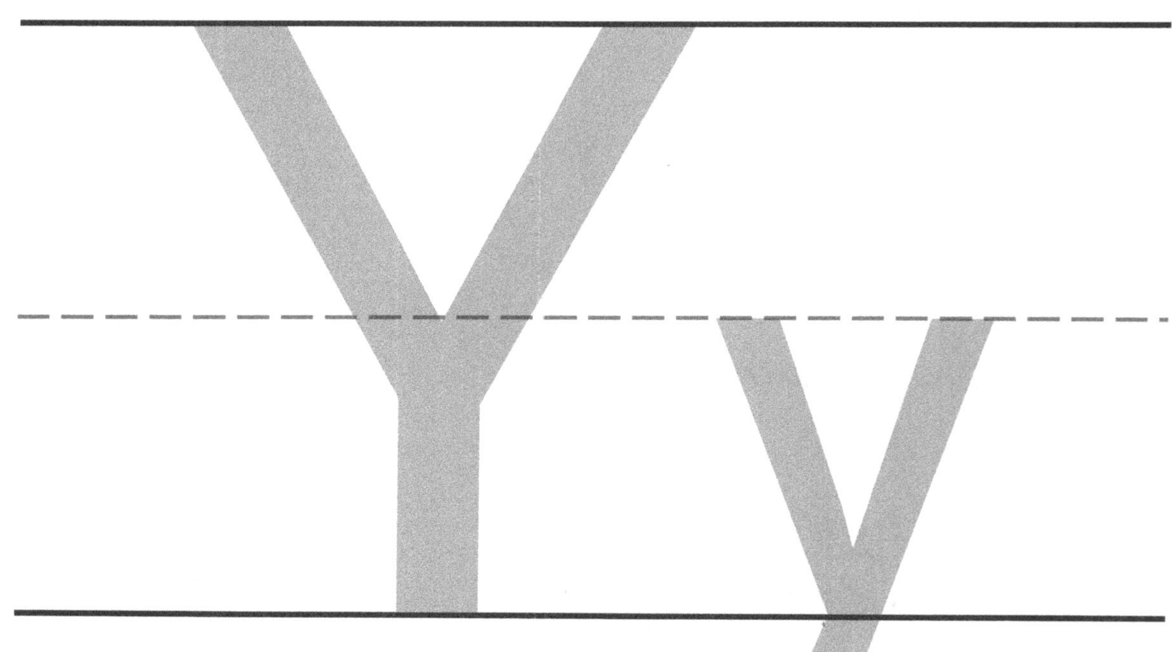

Y is for Yak

Zebra

Zz

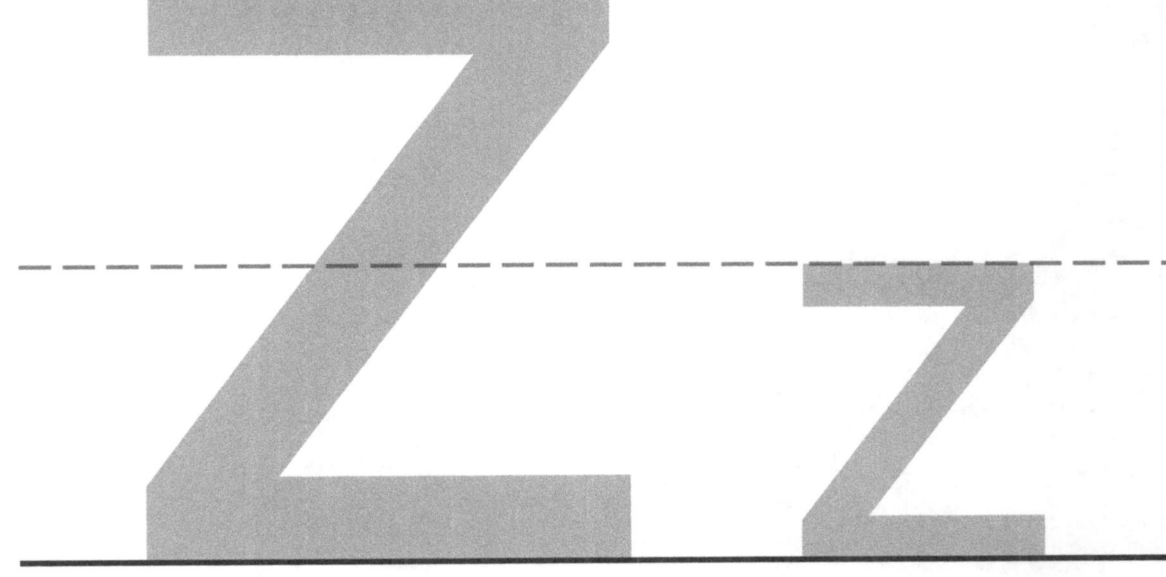

Z is for Zebra